SERPENTS DANGEREUX

LE COBRA

Kelli Hicks

TABLE DES MATIÈRES

Un livre de la collection
Les jeunes plantes de Crabtree

CRABTREE
Publishing Company
www.crabtreebooks.com

Soutien de l'école à la maison pour les parents, les gardiens et les enseignants

Ce livre aide les enfants à se développer grâce à la pratique de la lecture. Voici quelques exemples de questions pour aider le lecteur ou la lectrice à développer ses capacités de compréhension. Les suggestions de réponses sont indiquées en rouge.

Avant la lecture

- De quoi ce livre parle-t-il?
    - *Je pense que ce livre parle des serpents dangereux.*
    - *Je pense que ce livre explique à quoi ressemblent les cobras.*
- Qu'est-ce que je veux apprendre sur ce sujet?
    - *Je veux savoir où vivent les cobras.*
    - *Je veux apprendre quels types de nourriture mangent les cobras.*

Pendant la lecture

- Je me demande pourquoi...
    - *Je me demande pourquoi le cobra étire son cou comme une voile.*
    - *Je me demande comment le cobra utilise sa langue.*
- Qu'est-ce que j'ai appris jusqu'à présent?
    - *J'ai appris que les cobras mangent des oiseaux, de petits mammifères, des lézards, des œufs et même d'autres serpents.*
    - *J'ai appris que le venin mortel sort de leurs crochets.*

Après la lecture

- Nomme quelques détails que tu as retenus.
    - *J'ai appris que les cobras avalent leurs proies en entier.*
    - *J'ai appris que les cobras peuvent se passer de nourriture pendant une semaine après un repas.*
- Lis le livre à nouveau et cherche les mots de vocabulaire.
    - *Je vois le mot* ***langue*** *à la page 14 et le mot* ***crochets*** *à la page 16. Les autres mots du glossaire se trouvent aux pages 22 et 23.*

LE COBRA

Le serpent étire son cou comme une voile.

Fais attention!
C’est un **cobra**.

Il existe plusieurs types de cobras dans le monde.

Cobra des forêts

Mesure 6 à 10 pieds
(2 à 3 mètres).
Vit en Afrique.

Cobra indien

Mesure 4 à 7 pieds
(1 à 2 mètres).
Vit en Asie.

Cobra royal

Mesure 8 à 18 pieds
(2 à 5 mètres).
Vit en Asie.

Le cobra chasse au lever
ou au coucher du soleil.

Les **écailles** lisses de son dos créent une forme.

Le cobra chasse sa **proie**.

Les cobras mangent des oiseaux, de petits mammifères, des lézards, des œufs – et même d'autres serpents!

Il se sert de sa **langue** pour traquer son repas.

Du **venin** mortel coule de ses **crochets** creux.

Le cobra attaque vite et avale son repas en entier.

Les cobras peuvent passer des semaines ou des mois sans manger un autre repas.

Heureusement, les cobras tentent de rester loin des gens.

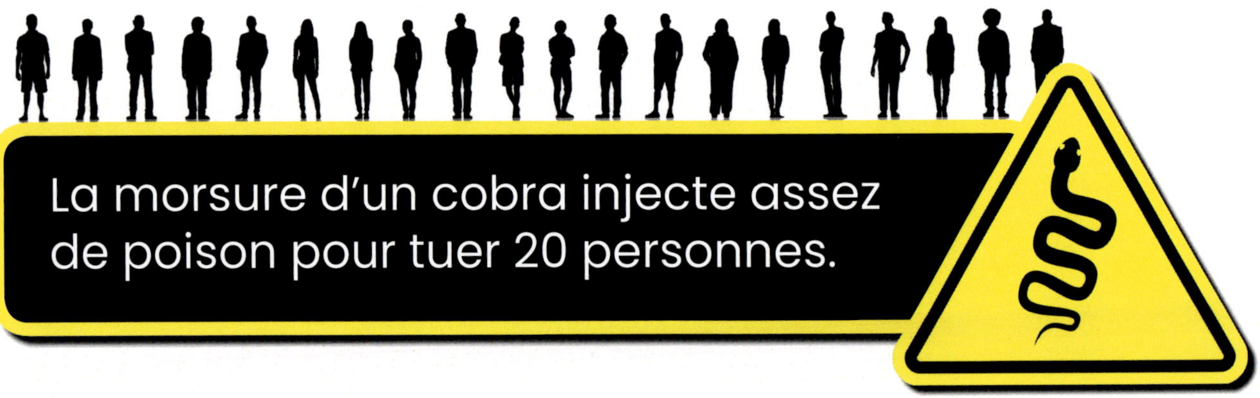

La morsure d'un cobra injecte assez de poison pour tuer 20 personnes.

Glossaire

cobra (co-bra) : Un cobra est un grand serpent venimeux qui se dresse et étire sa peau afin que sa tête et son cou forment une collerette.

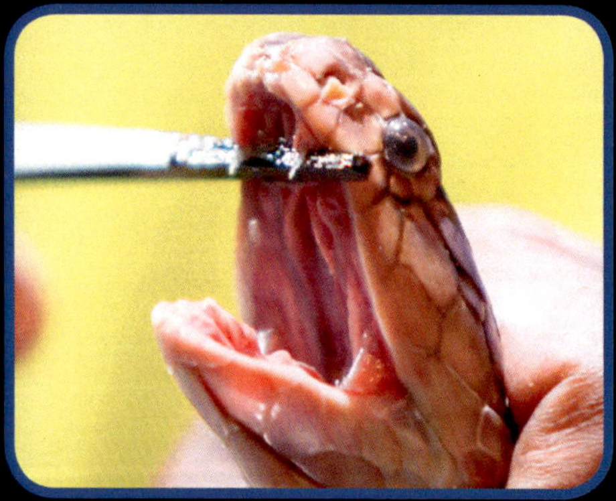

crochets (cro-chè) : Les crochets sont de longues dents acérées.

écailles (é-caye) : Les écailles sont de petits morceaux de peau dure qui couvrent le corps des reptiles et des poissons.

langue (lang) : Une langue est un muscle mobile dans la bouche.

proie (proa) : Une proie est un animal qui est chassé et mangé par un autre animal.

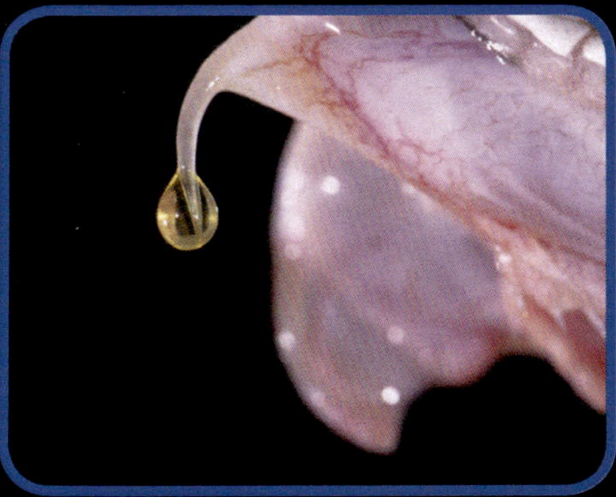

venin (ve-nin) : Le venin est un poison injecté par une morsure ou une piqûre.

Index

Sites Web

Les sites Web sont en anglais seulement.

www.livescience.com/43520-cobra-facts.html
https://easyscienceforkids.com/all-about-cobras

À propos de l'autrice

Kelli Hicks

Kelli Hicks adore apprendre de nouvelles choses sur la science et la nature, notamment les serpents dangereux. Elle préfère lire des livres sur les serpents que les rencontrer en personne. Elle habite à Tampa avec son mari, ses deux enfants et son chien, Emma June.

CRABTREE Publishing Company

Autrice : Kelli Hicks
Conception : Jennifer Dydyk
Révision : Tracy Nelson Maurer
Correctrice : Janine Deschenes
Traduction : Annie Evearts
Coordinatrice à l'impression : Katherine Berti

Références photographiques : Masque pour le graphique de peau de serpent sur la couverture et les autres pages © shutterstock.com/Merydolla; triangle jaune avec le graphique de serpent © Top Vector Studio/Shutterstock; photo de la couverture et pages 4 et 7 (cobra des forêts) : © Skynavin/Shutterstock; page 3 © CappaPhoto/Shutterstock; page 6 © reptiles4all/ Shutterstock; page 7 (cobra indien) © RealityImages/Shutterstock, (cobra royal) © LenSoMy/ istock, (carte) © Pyty/Shutterstock; page 9 © 144126157/ Shutterstock; page 11 © Aleksandar Kamasi/Shutterstock; page 13 © Mufti Adi Utomo/Shutterstock; page 15 © Kristian Bell/ Shutterstock; page 17 © koonsiri boonnak/Shutterstock; page 19 © 1510490567/ Shutterstock; page 20 © Rawpixel.com/Shutterstock; page 21 © Stu Porter/Shutterstock; page 23 (venin) © Joe McDonald/Shutterstock

Crabtree Publishing Company
www.crabtreebooks.com 1-800-387-7650

Au Canada : Nous reconnaissons l'appui financier du gouvernement du Canada par l'entremise du Fonds du livre du Canada pour nos activités de publication.

Publié aux États-Unis
Crabtree Publishing
347 Fifth Avenue
Suite 1402-145
New York, NY, 10016

Publié au Canada
Crabtree Publishing
616 Welland Ave.
St. Catharines, Ontario
L2M 5V6

Imprimé au Canada/102021/CPC

Catalogage avant publication de Bibliothèque et Archives Canada

Titre: Le cobra / Kelli Hicks ; texte français d'Annie Evearts.
Autres titres: Cobras. Français.
Noms: Hicks, Kelli, auteur.
Description: Mention de collection: Serpents dangereux | Les jeunes plantes de Crabtree | Traduction de : Cobras. | Comprend un index.
Identifiants: Canadiana (livre imprimé) 2021028160X | Canadiana (livre numérique) 20210281618 | ISBN 9781039608696 (couverture souple) | ISBN 9781039608757 (HTML) | ISBN 9781039608818 (EPUB)
Vedettes-matière: RVM: Cobras—Ouvrages pour la jeunesse. | RVMGF: Documents pour la jeunesse.
Classification: LCC QL666.O64 H5314 2022 | CDD j597.96/42—dc23